Una Onza de Negocios Tiene más Peso que un Quintal de Trabajo

¡Una guía de Emprendurismo!

A mi juicio, Solo existe una vía legal para adquirir la independencia financiera, el Emprendurismo por supuesto.

Por Juan Chalas

Titulo: **"Una Onza de negocios tiene más peso que un quintal de trabajo"**

Publicado por: Licdo. **Juan Miguel Chalas**

Primera edición 2024

Diseño de Portada: Juan Miguel Chalas

© **Derechos Reservados del Autor**

Ninguna parte de esta publicación podrá ser reproducida, procesada en algún sistema que la pueda reproducir, o transmitir en alguna forma o por algún medio electrónico, mecánico, fotocopia, cinta, magnetofónica y otro; excepto para breves citas, sin el permiso previo del Autor.

DEDICATORIAS

Dedico este libro al señor Oscar Benny Martínez, quien fue mi jefe en una empresa para cual labore en el año 2008, ya que el señor Benny mas que un jefe, fue un mentor que me guio por diversos caminos de la sabiduría mediante la capacitación, el estudio y la lectura constante. Además de ayudarnos a abrir los ojos al conocimiento. Por su compromiso con cada persona que paso por sus manos.

Juan Miguel Chalas
Autor

Agradecimientos

Agradecemos a Dios por el privilegio de la vida, agradecemos a Dios también por el hecho de que desde muy pequeño nos dio el valor para poder emprender nuestros señor mas anhelados que hoy podemos ver cumplidos la mayoría.

Juan Miguel Chalas
Autor

INDICE DE CONTENIDOS

Sección I El Comienzo de Un Sueño 1

Sección II El capital de trabajo 5

Sección III El tipo de negocio 10

Sección IV Ya Empecé, y Ahora Qué? 17

Sección V El Momento de la Expansión 23

Sección VI Reinvertir (Restituo) 29

Sección VII Agradece Siempre 34

Sección VIII No te Endioses 38

Sección IX La posible quiebra 43

Sección X Devuelve el diez (10%) en Obras de Caridad 47

Sección XI transmite los Conocimientos Adquiridos, conviértete en un

Mentor 50

Datos Estadísticos

El 98.2% del total de las empresas del país (Republica Dominicana) ascendente a 44,351, son micro, pequeñas y medianas empresas, de acuerdo con el informe financiero de la Tesorería de la Seguridad Social (TSS).

Según los datos de esa entidad, a diciembre del 2010, en el país había 44,351 empresas activas, generando 1,290, 500 empleos formales.

De esa cantidad de empresas, sólo 13, igual a 0.03%, son grandes y tienen más de 5,000 empleados y generan el 18.31% del total de empleos formales en el país.

De las 13 grandes empresas, las entidades gubernamentales tienen nueve, para un total de participación de un 16.10%.

"Es decir, el 98.2% de la casi totalidad de las empresas de la República Dominicana se pueden catalogar como micro, pequeña y mediana", sostuvo el presidente de la Copardom.

De unas 34,474 empresas, un 78% son microempresas, es decir, que tienen menos de cinco empleados, de acuerdo a la Tesorería de la Seguridad Social (TSS).

Según las cifras, en el país existen 35,630 empresas, que tienen entre 1 y 15 trabajadores, y representan el 80.52% del total de las 44,351 registradas al 31 de diciembre 2010.

Introducción

Mi abuelo lo sabía perfectamente, por eso siempre lo decía: *"Mijo UNA ONZA DE NEGOCIOS TIENE MAS PESO QUE UN QUINTAL DE TRABAJO"* el era el típico campesino, que nunca fue a la escuela, su nivel de estudios fue el más bajo, pero eso no lo detuvo para levantar a sus 14 hijos. Como lo hizo? Muy Fácil; ¡Emprendiendo!

Cuatro millones y medio de dominicanos (56% de la población activa) viven del trabajo informal en la actualidad, en tanto el desempleo se sitúa en un 14 por ciento al entrar el 2018, según cifras de la Confederación Autónoma Sindical Clasista (CASD). Eso quiere decir que el Desempleo en la República Dominicana se mantiene en 5,6%, en el primer trimestre del año dos mil dieciocho (2018); dice la Organización Internacional del Trabajo (OIT).

Partiendo de los números ya mencionado trataremos de declararte el mayor secreto para que obtengas la libertad financiera y por lo tanto logres consumar tus sueños materiales más añorados, muchas veces vemos como algunas personas con un bajo nivel de estudios inician proyectos de negocios con un bajo capital y con mucho esfuerzo y dedicación, dentro de unos años terminan convirtiéndose en empresarios y reacios inversionistas, algo que sorprende a todos e incluso muchos llegan a la conclusión de que dicha persona está realizando trabajos clandestinos ya que no se explican cómo esta persona logró adquirir su independencia financiera y en tan poco tiempo cumplió el sueño de muchos.

Sección I, El Comienzo de Un Sueño

Según **Robert T. Kiyosaky** un famoso escritor norteamericano de origen asiático, Escritor de varios libros *best seller* internacional, de los que destacan: el negocio del Siglo XXI, el Cuadrante de flujo del dinero y *Padre rico, Padre pobre*, en el cual el famoso escritor narra su propia historia, donde El mismo cuando pequeño tenía dos padres uno de crianza que no había ido nunca a la escuela y era perdidamente rico, y su padre biológico el cual tenía licenciatura, posgrado y maestría; el cual apenas podía pagar la renta de su apartamento. Refiriéndose el escritor que para adquirir la independencia financiera no es necesario estudiar varias carreras universitarias, ni maestrías, ni siquiera doctorados, ya que lo más importante es capacitarte en el área financiera y de negocios. No importa el área específica siempre y cuando sea un negocio propio o en sociedad con alguien de confianza. Ya que una microempresa representa el 80% del comienzo o del camino hacia la independencia financiera.

Es decir, que lo que le estamos recomendando a los jóvenes pre-bachilleres en principio y mientras cursan sus estudios de secundaria, Por ejemplo: no se sienten a esperar graduarse de bachiller y ver como el tiempo les pasa por sus narices, ya que el recurso del tiempo es uno no renovable y cobra muy caro a aquellos que no saben aprovecharlo.

Estos novel deben iniciar un proceso de capacitación mientras cursan sus estudios, esta capacitación podría consistir en un curso de Emprendurismo o curso técnico en alguna área de su preferencia; lo que implicaría un conocimiento extra para cuando se termine la secundaria el prospecto esté en capacidad de empezar un empleo o iniciar un proyecto de negocios a pequeña escala.

Hay personas que ven la posibilidad de emprender demasiado lejos o inalcanzable, se trata de personas que han leído poco sobre el asunto y no se han capacitado en cursos de esta naturaleza. No se puede emitir juicios a priori.

Antes de todo; es importantísimo saber que para emprender un micro negocio, hay que capacitarse sobre todo, en el área que se desea invertir. Ya que esto es lo que va asegurarnos el éxito en aquello que emprendamos. Cita. ***Wall t. Disney- "Si lo puede soñar, lo puedes logar".***

Más del ochenta por ciento de las microempresas que se inician, quiebran o desaparecen antes de los seis meses, Si, lo sé las cifras son alarmantes y causan mucho temor a la hora de emprender.

Esto se debe a que la persona que inició el proyecto no se había capacitado debidamente en lo que es manejo del presupuesto, manejo del inventario, manejo de las cuentas por cobrar, manejo con los suplidores o simplemente no sabían absolutamente nada del negocio en cuestión.

Es elemental y no se puede pasar por alto la necesidad de la capacitación complementaria en todo lo relacionado con el negocio que se va a emprender, por ejemplo si se trata de un micronegocio de ventas de empanadas, la persona que se va a lanzar debe en principio, aprender a trabajar la harina dese cero, conocer los ingredientes adicionales que llevan la fabricación de las empanadas, investigar quienes son los suplidores, que equipos necesita, cuál será su posible nicho de ventas, que cantidad de dinero va a invertir. Lo que pareciera irrelevante es lo que lo va a llevar a un éxito rotundo.

Después de que el emprendedor tiene en mente el tipo de proyecto que va a emprender, el siguiente paso consiste en capacitarse y conocer todo lo que pueda y volverse una esponja absorbiendo toda la información, debe tomar notas de los más mínimos detalles, ya que esto le va servir en el futuro.

Si lo puedes soñar, lo puedes lograr.
Cita de Elías Walter Disney

SECCIÓN II EL CAPITAL DE TRABAJO

No tener dinero para comenzar nuestro negocio es lo más frustrante que puede suceder. Me atrevería a decir que es *la principal razón para no emprender.*

En donde se pierden las mayorías de los pequeños inversores es que piensan y tienen la errada idea de que para poder iniciar un proyecto de negocios necesitan una gran suma de dinero, información que debe enfocarse desde otro ángulo, por ejemplo, va a depender del tamaño de tu negocio, y del lugar donde te vas a instalar y del tipo de negocio a emprender, un buen ejemplo de cómo obtener capital inicial es trabajando un tiempo de empleado, preferiblemente y si es posible en el área que se desea emprender. Posteriormente a esto hay que ahorrar e irse capacitando y adquiriendo la mayor cantidad de información, digamos que este tiempo no es perdido sino, que es uno de los pasos necesarios que te acercaran cada vez más al logro de tu sueño principal. Debes poner prioridad a tus ahorros, ponerle nombre y apellido; ya que en el camino te vas a ver tentado por gastar lo que hayas ahorrado en cualquier otra cosa, lo que te va a alejar de tu principal proyecto, así que abre bien los ojos y no desvíes la mirada fija de tus sueños.

"No existe el ascensor hacia el éxito, debes tomar las escaleras".

Podrías ir acercándote a alguien de tu familia que tenga un negocio, y pedirle que te permita hacer una pasantía de un periodo de tiempo que aunque podría ser corto, te ayudaría muchísimo a aprender, y adquirir muchas informaciones, no te olvides de tomar notas, preguntar siempre, y cuando llegue el momento sabrás como usar dicha información.

Es importante que no le pidas información y asesoría a todo el mundo ya que muchos se burlaran de ti, de tus sueños, debes ser selectivo a la hora de pedir un consejo, el mundo del Emprendurismo es una selva, llena de muchas personas dañinas y mezquinas que si se enteran que tú deseas emprender intentaran matarte tus sueños.

"Cuando quieras emprender algo, habrá mucha gente que te dirá que no lo hagas, cuando vean que no te pueden detener, te dirán como lo tienes que hacer y cuando finalmente vean que lo has logrado, dirán que siempre creyeron en ti". John Maxwell

Cada peso que ahorres te acercara cada día mas al logro de tus metas, por lo que no debes rendirte, debes creer en ti aun cuando nadie más lo haga, es importante el hecho de que los ahorros no deben estar en alcancía en la casa, ya que esto aumenta el riesgo de que alguien más te los tome prestado, o el riesgo de que te veas tentado a gastarlo en otra cosa necesidad trivial. Debes atesorar el capital inicial como si fuera ajeno, porque realmente no te pertenece y un emprendedor lo sabe bien; que su capital de trabajo le pertenece al negocio, al proyecto y a su futuro y nunca lo toca por más necesitado que se vea.

Una buena forma de adquirir capital de trabajo consiste en comprar una mínima cantidad de un producto, por ejemplo una docena de algún producto de primera necesidad, y empezar por venderlo a tus allegados, amigos, familiares, compañeros de trabajo, podría ser a consignación, o pagado inmediatamente, ten en cuenta que si lo vas a vender a consignación el precio del producto debe ser mucho mayor a que si lo vas a vender de contado, así logras mitigar el riesgo de que pierdas todo el capital invertido.

Recuerda siempre que lo que ganes de este pequeño proyecto debes ir guardándolo en una cuenta de banco, y nunca olvidar cual es el propósito de estos ahorros a los cuales ya le has puesto nombre y apellido, el tiempo va a transcurrir y pronto te darás cuenta que ya cuentas con un capital para iniciar el proyecto que sueñas, aunque sea a pequeña escala. Sabiendo que nadie nace grande; sino que vas a ir creciendo y que de eso se trata, o dime tú que merito tiene heredar una gran fortuna y seguir administrándola. No es malo. Sin embargo cuando tú vienes de abajo y logras romper con todos los estigmas y paradigmas de que los pobres no pueden llegar a su independencia financiera. Los resultados son inesperados. Te conviertes en un hito de todos lo que te rodean, te conocen y han visto como lo has logrado. ***Felicidades!***

La mayoría de los emprendedores pobres que conozco dicen que las sociedades no funcionan, sin embargo está demostrado que, las grandes empresas no pertenecen a una sola persona, sino que son muchos socios los que han logrado hacerla crecer. Lo que te deja claro que este medio es uno que debes tomar en cuenta, a la hora de emprender un vuelo de Emprendurismo. Puedes acercarte a algún familiar, amigo, o allegado que, comparta los mismos sueños que tu, tu misma visión, *que no vaya tras el dinero, sino detrás de un sueño; el ser Libre.* Sentarte con esa persona, invítale un café. Este paso es crucial para tu posible socio, debes conocerlo a fondo, investigar sobre esa persona lo mas que puedas, si es responsable, si le gusta emprender, pero sobretodo que sepa que emprender no es cosa de niños, sino de hombres, dispuestos a trabajar duro, como también tu lo harás.

Otra forma sencilla de obtener capital de trabajo y que muchos noveles micro emprendedores desconocen, o no se han dado cuenta, es tomar algún equipo, ropa que no estén utilizando, nos referimos a aquellas cosas materiales, una laptop, unos tenis que no uses, algún efecto material, por el cual puedas conseguir que alguien pague, para este dinerito incluirlo en tu inversión inicial.

Pero mucho cuidado con tomar tu tarjeta de crédito para aperturar una microempresa ya que es una decisión poco inteligente, cuidado también con los prestamos informales; los llamados chupa sangre, estos créditos con altas tasas de intereses podrían llevarte a la lona y causar resultados contraproducentes. Para tu nuevo proyecto de negocios.

Sección III El tipo de negocio

Existen diversidad de negocios que un emprendedor puede desarrollar con un bajo capital, como habíamos dicho el primer paso consiste en la capacitación del área, por insignificante que parezca el proyecto de negocio a desarrollar lo primero que tenemos que tener en cuenta es que debemos valorar lo que vamos a hacer, desearlo ya que como dijo Maquiavelo el fin justifica los medios; y es importante saber que aunque el proyecto que iniciemos ahora es pequeño, si trabajamos con empeño, con amor y con mucha dedicación, con los pies en la tierra, este pequeño proyecto podría convertirse en un sueño dorado, dejándonos con la boca abierta, *ya que no importa el tamaño del* negocio, sino el tamaño de la mente maestra que se encuentre detrás de dicho proyecto. Quien podría ser capaz de capitalizar esta onza de negocio y convertirla en muchos pesos.

Mucho oro. Una vez iniciado el proyecto y puesto en marcha no debes dar un paso atrás, debes seguir, teniendo en cuenta que no debes cometer el error principal que cometen los emprendedores noveles. Creerse que todas las ventas son su sueldo o ganancia, lo que los arrastra rápidamente a la tumba financiera. El 98 por ciento de los posibles beneficios del proyecto deben ser reinvertidos en más capital y equipos para que poder lograr un crecimiento sostenido. Y día a día veras como tus sueños de hacer crecer tu proyecto se va materializando poco a poco.

No te preocupes si el negocio que estas emprendiendo en este momento, no es el que soñaste, sino más bien recuerda que cada paso, cada gota de sudor, cada noche de desvelo, te va ir llevando hacia donde quieres, ya que en el mundo del Emprendurismo se esconde un tesoro inagotable. Que muchos ignoran.

Una vez puesto en marcha tu proyecto, trabaja duro, sigue ahorrando una pequeña partida de lo que pareciera ser tus beneficios, ya que este ahorro, te va a catapultar hacia la cumbre de otros proyectos más jugosos, sin quitarle el merito al proyecto inicial, que ya empezó a dar sus frutos. No voy a especificar ningún tipo de negocios, ya que todos los negocios representan un buen proyecto dependiendo de quién y donde se esté desarrollando, es decir que cualquier negocio que emprendas, tomando en cuenta todos los pasos que te estamos dando en esta guía, lograras la independencia financiera. *¡Créelo!*

El típico campesino que vino del campo con un mínimo capital de trabajo y después de unos años se convirtió en un empresario del sector, y todavía te preguntas como lo hizo. Sencillo, esfuerzo, dedicación, empeño, ahorro, cautela al invertir. Un campesino emprendedor sabe bien que no toda la ganancia es su sueldo, sabe bien que debe reinvertir, reinvertir y reinvertir si desea capitalizar y hacer crecer sus sueños. De independencia financiera.

No existe un negocio mágico para conseguir la libertar económica, no hay una lámpara para flotar, solo estos sencillos pasos que te estamos regalando aquí: A) Capacitación en el área a emprender; B) Ahorros fijos aunque sea poco; C) Reinvertir las posibles ganancias sean muchas o sean pocas.

"TÚ NO TIENES QUE SER GRANDE PARA EMPEZAR,
TIENES QUE EMPEZAR PARA LLEGAR A SER GRANDE"

"TÚ NO TIENES QUE SER GRANDE PARA EMPEZAR, TIENES QUE EMPEZAR PARA LLEGAR A SER GRANDE"

Unos de los principales errores que cometen las personas que desean emprender es que ellos piensan que necesitan mucho dinero para poder empezar un negocio, sin embargo está demostrado que una vez se inicia un proyecto sea cual sea su magnitud mágicamente, empiezan a abrirse las puertas, es como si todo el universo conspirara contigo para que sigas adelante con dicho proyecto, lo único que hay que hacer es medir las consecuencias. Y ver como cosechamos el añorado éxito y los frutos de nuestro trabajo arduo.

Si después de haber iniciado el negocio, haber invertido cierta cantidad de dinero considerable, haber trabajado duro, nos damos cuenta que el negocio que hemos emprendido no termina por funcionar, no debemos rendirnos, sino mas bien esperar con ansias los frutos.

No todos los negocios funcionan en determinadas aéreas, hay veces que lamentablemente el negocio que hemos escogido no funciona, es decir que habría que trasladarlo, mudarlo a otro lugar, sin embargo el primer paso antes de mover un negocio de lugar debemos hacer un estudio y/o trabajo de campo, análisis del sector, o área, tipos de clientes, perfiles de los prospectos, zona geográfica en el sentido de los costos operativos, tal vez en el nuevo lugar los costos de operación de la microempresa podrían resultar demasiado costosos y estarías retrocediendo y tu negocio continuar de picada.

Por lo que no debes precipitarte, sino con paciencia, adelantar el análisis necesario, y seguir buscando un sitio adecuado para tu presupuesto, y para que puedas crecer, y llenar un vacío en el lugar donde vallas, recuerda que desafortunadamente más del 60% de los micro negocios que se inician, se ven obligados a cerrar. Esto no quiere decir que debes rendirte y dejar tus sueños morir. En cambio debes recordar aquella frase famosa que reza: *"Si el Plan no funciona, Cambia el plan, pero no cambies la meta"*. Cambia, de negocio, cambia de local, cambia de producto, cambia de servicio, cambia de gente. Pero nunca cambies tus sueños de convertirte en el Microempresario que soñaste. Eso es lo que hace un verdadero emprendedor. *¡Nunca se rinde!*

SI EL PLAN NO FUNCIONA, CAMBIA EL PLAN PERO NO CAMBIES LA META.
CITA DE DANIEL HURST

Sección IV Ya Empecé, y Ahora Qué?

Inmediatamente después de empezar tu negocio y ver como este trata de arrancar estas en una de las etapas más cruciales e importantes de tu proyecto, es ahora cuando debes saber que contrario a lo que piensan que tener su propio negocio significa que tendrán vacaciones y mucho tiempo libre, pero la verdad es que para ser tu propio jefe es necesario trabajar hasta diez (10) veces más duro. Ten en cuenta que los sueños no se logran de la noche a la mañana, y que todas aquellas personas que han logrado su independencia financiera a través del Emprendurismo, necesitaron un esfuerzo mayor y a veces hasta sobrehumano para estar al nivel que están. A medida que vas viendo como avanzas debes seguir invirtiendo, en ti, debes continuar con un proceso de capacitación constante, además de invertir en tu proyecto, y mejorar tus productos, ampliar la variedad de productos o servicios, y veras como los clientes se van sumando.

Es necesario que sepas que en estos tiempos tan modernos aunque tengas una gallina con los huevos de Oro, no será suficiente ya que como te darás cuenta hay muchas gallinas con huevos de oro diseminadas en toda la geografía. Todo va a depender de cómo puedas hacer que tu gallina cacaree más duro esos huevos de Oro.

Me explico, a menos que tengas un producto único en el mercado o que tengas un monopolio, tendrás que mercadear de una maneja aguerrida tus productos o servicios.

No te apresures a querer expandirte ya que todavía no es el momento, este es uno de los pecados más graves que cometen los noveles emprendedores, que se dejan llevar de la emoción del primer trimestre de su microempresa, y se avalanchan hacia una sucursal, sin que la primera tenga una base solidificada. En la cultura Japonesa, para que un negocio tenga éxito, hay que esperar literalmente unos diez (10) años.

En cambio en nuestra cultura occidental creemos que si un negocio no nos está dejando muchos beneficios en el primer año tendemos a prácticamente cerrarlo.

Existe una diferencia notada entre estas dos culturas, la asiática y la latinoamericana, en cuanto a la forma en que se emprende, pero en ambas se emprende el deber tuyo como emprendedor es sacar los puntos más provechosos y ponerlos en práctica.

Otro ejemplo notable y valioso del cual debemos sacar provecho de la cultura asiática (Japoneses) es que los asiáticos no son inteligentes el sentido de su nivel de coeficiente de inteligencia, sino en su capacidad de disciplina, que es lo que los ha llevado a la cumbre del éxito en todos los proyectos que han emprendido.

La disciplina tarde o temprano vencerá a la inteligencia, yokoi kenji

Hay que trabajar asiduamente en su proyecto, utilizando si es necesario el método también asiático, conocido como el **KAIZEN**, o mejora continúa, este método entre otras cosas enseña que para poder mantener un proyecto de negocio, fabrica, servicios, etc. Hay que mantener ciertos estándares de calidad, y para ello se basan en un proceso Como tal, *kaizen* es una metodología que se emplea de forma diaria para el mejoramiento continuo de los individuos y la estructura social. En un negocio debe de existir todos los días un reto que permita buscar mejoras y equilibrio en la estructura, como la Toyota que aplica dicho principio.

Hablemos pues un poco para que puedas entender en que consiste en la práctica este famoso método de origen Japonés. *Kaizen* y las cinco Eses (5S) Las 5S son un concepto que funciona como base del *kaizen*, estas deben implementarse de forma continua y sólo una a la vez, es decir, después de implementar una con éxito se continúa con la siguiente, paso a paso y así sucesivamente. Hasta lograr el éxito y los resultados deseados, los cuales pueden ser medidos en el tiempo.

Ejemplo; **Seiton:** hace referencia a la organización del material necesario para la producción del un producto, y de esta forma, los individuos no pierden tiempo en encontrarlos, lo que lleva a un aumento en la productividad. **Seiri:** este concepto implica realizar una distinción entre cosas esenciales y no esenciales, para evitar que las menos importantes perturben en la actividad normal.

Dejando luego de realizar también las que se consideren menos importantes. **Seiso:** se relaciona con la limpieza del lugar de trabajo para que la productividad no resulte afectada. En este punto muchos pecan, ya que piensan que esto es muy básico y se descuidan. **Seiketsu:** es la higiene y limpieza de la persona por medio del uso de ropa y accesorios adecuados. Una imagen vale más que mil palabras.

Shitsuke: es la disciplina, compromiso y determinación que lleva a garantizar el cumplimiento de los anteriores elementos, lo que permite disfrutar de los beneficios de esta metodología. Observando finalmente los resultados y beneficios obtenidos de esta grandiosa metodología, la cual ha sido la base de las mayorías de las empresas exitosas de Asia. Y que nosotros hoy podemos sacarle provecho poniéndola en práctica.

"TARDE O TEMPRANO LA DISCIPLINA VENCERA A LA INTELIGENCIA".
YOKOI KENJI

Sección V el Momento de la Expansión

Después de ver como nuestro proyecto está creciendo y que hemos aprendido el negocio, pero que sobretodo hemos creado un sistema propio, para lo que a diario tomamos notas, capacitamos nuestro personal, reinvertimos, estamos solidificándonos, ya a estas alturas la gente nos conoce, hablan de nosotros, le hacemos falta, o nuestros productos y/o servicios están en boca de mucha gente. No podemos conformarnos que los testimonios, sino que es el momento de emprender algo nuevo, en este punto. Es recomendable seguir con el mismo proyecto, ya que hemos tenido éxito en este. No podemos pecar y cambiar del tipo de negocio, ya que esto podría ocasionarnos muchas pérdidas económicas y frustraciones.

Por lo que si vamos a seguir emprendiendo lo recomendable seria en una nueva sucursal, pero no podemos adelantarnos al proceso, sino que en algunas horas libres que tenemos podemos realizar estudios de mercado, nosotros mismos, agenda en mano, salir, visitar posibles nichos, lugares en donde haya mucha gente, donde no haya presencia de negocios como el nuestro, y que el perfil de los clientes no sea tan bajo.

Luego que hemos tomado tiempo para hacer este estudio y hemos encontrado un lugar idóneo, el próximo paso consiste, en buscar el capital que deseamos invertir, haciendo un presupuesto primero, de todos los gastos y posibles gastos que vallamos a invertir.

No podemos sacarle todo el capital al negocio que ya está operando, ni tampoco las mercancías, ni mucho menos los equipos de trabajo, ya que esto podría provocar una baja significativa y sería contraproducente. Para el negocio que ya está en marcha.

La idea sería buscar apalancamiento, primero, ver cuales ofertas podrías tener, que se adapte a tu capacidad, sin forzar el capital de trabajo de tu actual microempresa. Tomando en cuenta, las tasas de financiamiento y los plazos, tranquilo no debes hacerlo por impulso, sino con mucho tacto. Ya que aunque a estas alturas ya conoces el negocio, sabes que es rentable, conoces los suplidores, y dominas casi el 100% de todas las eventualidades que pudieran surgir en tu área.

Otra forma de ayudarte a iniciar el nuevo proyecto es conversando con tus suplidores y hacérselos saber, para que ellos digan en que pueden ayudarte.

Muchas veces los suplidores constituyen más de un 25% de ayuda para aperturar una nueva sucursal, ya que ellos podrían darte parte de las mercancías que vas a necesitar a consignación, buenos plazos de pagos, buenos precios, y también hasta ayudarte con la publicidad de tu nuevo proyecto.

Date el tiempo necesario, no te apresures, fortalécete en el inventario, tomando en cuenta las fechas de caducidad de tus productos, invierte en tu gente, los que te están ayudando a crecer. Abre bien los ojos, no dejes de tomar notas. Pregunta siempre. Aprenden de cada cosa, aun de las más insignificantes. Evoluciona, reemprende, cáete, levántate, crece. Y sigue el proceso, por que en esto consiste la vida de un emprendedor. Muchas marcas, se pierden en el anonimato, y nunca llegan a ser reconocidas ya que quienes la crearon cometieron el horrible error de creer que un producto de vende solo, cometieron el error de no invertir en publicidad, cometieron el error de no renovarse, de no reinventarse. Ejemplo tenemos de más. Empresas grandes, multinacionales que eran gigantes y se durmieron en el hecho de que ellos ya estaban realizando. Y aparecieron otros pequeños que le quitaron su inflado Ego.

La zona de confort es un lugar hermoso, pero nada crece allí.

Hace muchos años la empresa suiza de fabricación de relojes Swath, cometió el terrible error de creerse infalible. Los suizos eran lo mayores fabricantes de relojes del mundo, se creían infalibles, y sin paralelo. Sin embargo como está demostrado nadie es infalible solo Dios.

Y los suizos se dieron cuenta de esto en el año 1920, cuando se fabrico el reloj de cuarzo, que era totalmente diferente y mucho más económico que las tecnología que utilizaban los suizos para fabricar el reloj que hoy se conoce como Swath. Ellos frente a este nueva tecnología se pusieron rehaceos y rechazaron toda idea de implementarla, ya que no visualizaron el futuro y se cerraron a la idea de por lo menos estudiar la propuesta. Por el creador de este nuevo modelo de relojes más económicos el señor Warren Morrión. Lo que provocó que para el año 1980 los mismo suizos que habían rechazado rotundamente esta nueva tecnología, se dieron cuenta que habían cometido el error de sus vidas, y tuvieron que tocarle las puertas al fabricante del reloj de Cuarzo e implementar ellos esta tecnología en sus relojes para no quebrar y desaparecer.

Esta historia no puede pasar por alto a ningún emprendedor, ya que muchas veces cuando llegamos a ciertos niveles de nuestras carreras o negocios. Pensamos que somos los dueños del negocio, nos creemos infalibles y pecamos de sabios. Por lo que un excelente emprendedor sabe que debe oír, escuchar y conocer todas las nuevas ideas de negocios aunque no las implemente en el momento. Ya que esto es lo que podría salvarle la vida en el futuro como pasó con los Suizos.

La zona de confort es un lugar hermoso, pero nada crece allí.

Sección VI Reinvertir (Restituo)

Es impredecible empezar esta sección con la frase: ***"Nunca Pongas todos los Huevos en una sola Canasta"*** y es que es indudable el hecho de muchos emprendedores y dueños de negocios caen en vacios y llegan a quebrar por que pecaron invirtiendo todo sus beneficios en el mismo negocio, sin una forma de mitigar el riesgo, espero que a estas alturas tengas claro de donde tienes los pies parados, y hacia donde te diriges o quieres dirigir el emporio que estas construyendo; el éxito de un buen emprendedor radica en saber diversificar sus inversiones, sus negocios, para mitigar una eventualidad. En el pasado hubo miles de americanos que perdieron todo cuanto tenían, sus ahorros, su capital de trabajo y finalmente se desmoralizaron viendo como la crisis inmobiliaria se le llevaba toda su inversión. Y ellos maniatados sin poder hacer nada para impedirlo. Por lo que tú que estas empezando a crecer en tu negocio, que ves los frutos de tu esfuerzo, toma en cuenta que muchas veces es mejor aprender un nuevo negocio, analizar que opciones tienes, reunirte con gente clave, utilizar todos los recursos que tienes en tus manos, para aprender una nueva forma de invertir, para que si por si acaso llega a pasar algo con tu negocio actual.

No te vayas a la lona, y pierdas todo. Ya que a veces tras la quiebra de un negocio los resultados son nefastos para el propietario, ya que quedan las deudas, los acreedores, las burlas, la salud se deteriora, y a veces se pierde hasta la moral.

Sin embargo debes tomar en cuenta, que a cualquiera le pasa, y hay que proveer para el futuro, no malgastar, no derrochar, y valorar cada exfuerzo que has realizado. Para que no lo dejes ir por la borda.

Un emprendedor que desea crecer y expandirse, ya no se mueve por caprichos, ni por emoción, sino que ha sabido cosechar y esperar como dice la biblia. ***Como el buen labrador, que sabe esperar, la lluvia temprana y la tardía.*** Santiago 5:7, RV 1960

Sembrando, grano a grano, reinvirtiendo cada moneda, cada centavo, convirtiéndolo en sueños, renunciando a muchos deseos; teniendo en cuenta que vendrán días mejores. Días en los que podrá disfrutar tranquilamente los frutos de su esfuerzo.

Al momento de expandirte es debes saber que es hora de conocer nueva gente, nuevos clientes, tienes que relacionarte, darte a conocer, ya no eres el novel emprendedor que está iniciando un negocio a ver cómo le va. Sino que eres el resultado de algo grande, tiene detrás de ti y en Ti, las marcas has creado tu propia marca.

No puedes detenerte sino mas bien a pasó de vencedor, abrirte paso, sabiendo que vas a encontrar piedras, pero que tengas la capacidad de removerlas, porque eso es lo que hace un emprendedor que se ha convertido en un inversionista, porque de eso se trata todo esto.

Una vez has logrado desarrollar un proyecto y este proyecto ha respondido, y has creado un sistema de negocios, una maquinaria de producción, un nombre. Debes hacerle honor a esto. Romper todo paradigma y hace ejemplos. De con esfuerzo, dedicación y empeño se puede llegar. Como lo han demostrado miles de soñadores. Que hoy aunque ya están en la tumba, sus sueños aun dan frutos, sus proyectos son maquinaria millonaria que mantiene millones de familias.

Como lo son, el coronel Sanders, creador de la cadena de comida rápida Kentucky Fried Chicken, a quien le rechazaron la inversión para proyecto ya que no representaba ningún futuro, sin embargo vemos hay lo que es Kentucky Fried Chicken, la cadena de comidas rápida más grande del mundo. Asimismo saber también que como *Walter* Elías *Disney, creador del* parque de diversiones más grande del mundo, con ingresos millonarios cada año, y también creador de varios proyectos de negocios multimillonarios, que han sido hitos del mundo de los negocios, fue rechazado 7 veces, por 7 bancos diferentes por que su proyecto no les parecía una buena inversión a los inversionistas.

"Nunca Pongas todos los Huevos en una sola Canasta"

Sección VII Agradece Siempre

Hasta este punto hemos visto muchos pasos que son elementales para la apertura, el desarrollo, crecimiento y la reinversión en una microempresa. Pero no podemos pasar por alto el hecho de que hay muchos microempresarios que peca, de malagradecido, y personalmente les recomiendo que nunca, pero nunca olviden las personas que les extendieron la mano, una mano amiga nunca se olvida, a veces después de que llegamos a la cumbre de nuestras meta, se nos olvida que no llegamos solos, porque nadie llega solo, y si piensas que puedes obtener tu independencia financiera completamente solo, cometes el error de tu vida. Ya que no existe una forma legal para obtener la independencia financiera sin haber tenido una intervención, aunque sea mínima de alguien más.

Cuando se llega arriba, la gente tiene a estar tan "ocupados" y entretenidos que no agradecen, sin embargo Existe una Ley universal, que dice que al malagradecido la miseria le refresca la memoria.

Cuando una persona que ha obtenido el éxito, que ha llegado a la cumbre, a la cima, agradece a todos lo que le extendieron la mano ocurre como un milagro asombroso, algo que solo quien lo vive y experimenta puede hablar de ello.

Es un misterio, ves como todas las puertas se te abren, y precisamente de eso se trata de no dejar puertas abiertas. Asuntos inconclusos. Ya que esto va en detrimento de la persona que va en ascenso.

El primer paso consiste en agradecer a Dios. Quien es el dador de la Vida, apartando el mínimo de un 10 porciento de nuestros ingresos, (diezmo) no para llevarlo a una iglesia sino deseas. Sino para que lo dones en caridad, siempre habrá mucha gente necesitada. Es un asunto de ti y Dios.

Nadie tiene que saberlo. Si lo haces a menudo, tu crecimiento será imparable, no habrá forma de que se detenga tu avance y éxito en el mundo de los negocios.

Después de agradecer a Dios, debes agradecer y manifestar agradecimiento a aquellas personas, a quienes consultaste, quienes te prestaron dinero, o te ofrecieron cualquier tipo de ayuda cuando solo soñabas. Toma en cuenta que lo que das, recibes.

Según una máxima hebrea: El que da, nunca debe acordarse, pero quien recibe nunca debe olvidar.

El agradecimiento debe quedar en la memoria por siempre, cuando una persona agradece, ocurre un milagro extraordinario, se rompe con el orgullo, y se abren las puertas para que ocurran otros milagros.

La gente ignora esto. Por eso la mayoría peca de no agradecido. Los que ha descubierto y han logrado romper con esto, son dichosos y bienaventurados.

Hay personas que dan sin esperar nada a cambio, sin embargo hay otras que nunca se les olvida el hecho de que ayudaron a otras, aquí no hay mucho merito, sin embargo es más importante para quien está recibiendo la ayuda nunca olvidar, que quien está ofreciendo, la ayuda. El que da también debe agradecer, ya que el destino lo está poniendo en el lugar privilegiado del que da y no en el lugar de quien recibe o necesita la ayuda.

El que da, nunca debe acordarse, pero quien recibe nunca debe olvidarse

Sección VIII, No te Endioses

Cuando un microempresario, está pasando por la curva de aprendizaje, está creciendo a un nivel acelerado, está en expansión, parece que nada ni nadie puede detenerlo. Las microempresas son una vía rápida de obtener la libertad financiera, de levantarse, de crecer e incluso obtener riquezas. Más del cuarenta porciento de los microempresarios que inician una microempresa, obtienen éxito en lo que emprenden. La mayoría llega a crecer hasta un doscientos (200%) por ciento. Muchos después de llegar a tener grandes negocios, empresas rentables. La mayoría pasa por la prueba de fuego de creerse infalibles, no es para menos, un ejemplo de esto son personas que de verse ganando un sueldo mínimo como empleados, inician un proyecto de negocio, y en unos años corren con la dicha y son premiados con un negocio rentable, lo que les permite crecer económicamente sobremanera.

No todos están preparados para este crecimiento, sino que *SE ENDIOSAN*, y creen que nana ni nadie los puede detener, es ahí cuando empiezan a gastar dinero, de una forma descontrolada, se creen que toda la venta es su salario, como dicen en el argot popular comienzan a tirar papeletas al aire.

Sin embargo, en poco tiempo, se dan cuenta de que no tienen una fábrica de billetes sino que están rompiendo sus sueños y lo que han trabajado.

Es esencial que el microempresario, se haga asesorar por personas de experiencia, habíamos dicho en un capitulo anterior que esta persona puede ser un familiar empresario, un amigo microempresario de experiencia y la lectura de libros y artículos de internet que hablen de cómo mantener una microempresa y el manejo de presupuesto. Porque si se empieza a gastar el dinero del capital de trabajo y de fondo de emergencias. Nada podrá detener la caída, y si se cae después de haber llegado a la mitad del camino, no hay forma de volver a nivel en que se estaba. Lo único que quedaría por hacer el empezar desde cero.

Todo microempresario, tiene el deber de capacitarse, diariamente. Aprender, aprender y aprender, esta es la única garantía de éxito permanente. En el camino hay muchas trampas que una persona que no esté capacitado y documentado no podrá verlas; lo que provocaría una debacle muy fuerte. Por lo que se recomienda por lo menos una hora diaria de capacitación autodidacta, es decir lectura, análisis, reflexión y oración.

En el camino tendrás muchas tentaciones en forma de ofertas que te parecerán atractivas, sin embargo abre bien los ojos, estas ofertas pueden ser trampas, que podrían resultar dañinas para tu negocio, un ejemplo de esto es comprar mercancía a vendedores ambulante de las cuales se desconoce el origen.

Hay un sin número de microempresarios y empresarios que han perdido credibilidad y han perdido hasta sus negocios por estar tomando el camino más corto. Cuando te veas tentado a comprar mercancía de la cual no conoces la procedencia, o de procedencia sospechosa, recuerda la siguiente frase: ***Lo importante no es llegar, sino saber mantenerse.***

Otro punto importante al momento de creer que todo el ingreso del negocio es tu sueldo, consiste en sobre endeudarse fuera de tu capacidad y a destiempo, para comprar equipo, solar, o simplemente para sacarle dinero al negocio, indiscriminadamente, lo que te llevaría a la quiebra. Hay que tomar notas, tener un mural o una agenda personal donde debemos anotar todos los pagos diarios, semanales y mensuales que debemos sacarles a la microempresa, para no pecar de comernos el capital de trabajo, ya que los clientes no te perdonaran y te guardaran luto cuando no tengas los productos en stock para venderlos.

Sino que se irán a comprarlos a mejor postor. Por lo que cuida tu inventario, sabiendo que cada peso que le saques indiscriminadamente hoy a tu negocio te hará falta mañana. *"Pago tantas cosas al mes que cuando me sobra dinero, pienso que es porque se me olvido pagar algo"*

"LO IMPORTANTE NO ES LLEGAR, SINO SABER MANTENERSE"

Sección IX La Posible Quiebra

Al punto de convertirse en un experimentado inversionista, un asiduo negociante, preparado con el cuchillo en la boca para todo tipo de negocios que pudieran surgir, después de unos años en la carrera del Emprendurismo, con caídas, altas y bajas, te has convertido en un experto en tu área. Ya conoces todos tus productos, estas relacionado con los suplidos, tienes varias sucursales, un amplio capital de trabajo, podría ser que tengas, un fondo de garantía, y un sin número de proyectos por realizar. Todo esto te podría decir que te confíes y estés tranquilo, pero esa no es la palabra que voy a usar, ya que como dice el dicho no hay nada seguro, solo la muerte.

Cuando has crecido, y has visto como te levantas por encima de todos los que te rodean, piensas y no es para menos que nunca caerías, sin embargo debes saber que el destino te puede golpear muy duro, y si no te vuelves resiliente, y si no te preparas mentalmente, los resultados podrían ser devastadores, por ejemplo cuando una enfermedad catastrófica llega a tu vida o a la vida de un familiar tuyo, muchas veces los bienes materiales, ni el dinero son suficientes para salvar la vida.

Hay quienes después de acumular riquezas materiales, son golpeados por una enfermedad o un siniestro (fuego), o desastre natural se ven obligados a gastarlo todo, llevándolo esto a la lona, o al mismo lugar donde empezaron.

Las estadísticas están ahí, las cosas negativas llegan a todas las familiar, la única diferencia, radica en cómo lo afrontamos. Cada quien es responsable de saberse levantar. No siempre vas a tener un coach o mentor para animarte, muchas veces deberás animarte tú solo, seguir adelante no importa lo duro que te puedan golpear las circunstancias. *No importa cuántas veces te caigas, lo importante es cuantas veces has podido levantarte.*

Hay quienes después de una caída, quiebra, enfermedad, traición, se ven en el fondo, impedidos mentalmente. No tienen la capacidad de volverse a levantar; pero un verdadero emprendedor temeroso de Dios y Resiliente, sabe y tiene claro, que posee un potencial ilimitado de fábrica, que es lo que le da la capacidad de volver y resurgir como el Ave Fénix.

Es posible que te caigas, es muy probable que te veas en el espejo mordiendo en polvo después de haber conquistado el espacio, pero ten siempre claro, siempre presente y nunca olvides que como dijo Ogg Mandino en su Libro el Vendedor Mas Grande del Mundo: ***El fracaso nunca te sobrecogerá, si tu determinación para alcanzar el éxito es lo suficientemente poderosa.***

Es decir que; Si hay que empezar de cero pues se empieza. Pues si haces lo que siempre haces, los resultados serán exactamente siempre los mismo, cuando llegues al punto muerto del quiebre. Toma una pausa. Detente por un instante, respira hondo, mira de frente el problema y dile: que me quieres enseñar. Ya que todos aquellos que han sido capaces de levantarse después de una batalla grande y fuerte.

Se han levantado renovados, con un ímpetu enorme, e inigualable, ya que vienen con las marcas de aquel golpe que no pudo dejarlos postrados. Con una nueva forma de ver la vida, con mas experiencias. Por eso es que es importante en la vida de cada ser humano, que sepa que siempre; *que las nubes grises también forman parte del paisaje*, y que si fuera fácil, cualquiera lo haría. Es cuestión de cambiar la mentalidad, saber que todo cuesta. Todo tiene un precio, algunas cosas un precio bajo, otras un precio más alto, y finalmente otras con valor incalculables.

El fracaso nunca te sobrecogerá, si tu determinación para alcanzar el éxito es lo suficientemente poderosa.

Sección X Devuelve el diez (10%) en Obras de Caridad

Hasta ahora vamos muy bien, yo diría que excelente, ya que sin saber absolutamente nada de tu negocio, después de iniciar un proceso de capacitación, ahorro, y perseverancia; *Felicidades!*, te has convertido en un verdadero Emprendedor. Has acumulado riquezas, bienes, tienes una estabilidad solidificada, y sigues hacia adelante como un buque de guerra. Por lo que podemos predecir, que nada, ni nadie te podrá detener. Eres un ejemplo para otros. Sabes lo que tienes que hacer, cuando tienes que hacerlo.

Todos lo que te rodean no se explican cómo ha sido posibles que te hayas levantado y llegado a la cumbre en tan poco tiempo, pero aunque tú sabes que no ha sido tan poco el tiempo, sabes que has pagado el precio, que has renunciado a todos los placeres, que incluso has sacrificado tu propia familia para llegar a nivel en que estas. Muchas horas de desvelos, tropezones, caídas, perdidas de dinero, habrás ganado muchos enemigos, pero siempre supiste que podías, confiaste en ti mismo aun cuando nadie creyó que podrías lograrlo.

Muy bien, ahora que ya no solo eres un negociante cualquiera, que has creado un sistema de negocios que funciona, que tienes excelentes ingresos, que esos ingresos son sostenibles en el tiempo, que ya cuentas con sucursales, que también cuentas con fondos de garantía y que también tienes líneas de créditos con las instituciones financieras para cubrir cualquier eventualidad o siniestro o alguna posible expansión.

En este momento es cuando nunca debes olvidar para que para este momento, te haya preparado el Creador. Para que AYUDES a los necesitados, que te conviertas en un ente multiplicador, que no cierres los ojos ante la miseria, que recuerdes de dónde has venido, que sepas que lo que das recibes.

Ya eres un ser humano excepcional y tiene a estas alturas el deber y el compromiso de sacar por lo menos el diez por ciento de tus beneficios para donarlos a la caridad, no indiscriminadamente, sino a quien verdaderamente lo necesite, y veras como nada te detendrá, todos te querrán. Y estarás sembrando sueños, sembrando vidas. A veces el destino no permite que alguno individuos que intentan adquirir su independencia financiera la obtengan, por que el destino sabe bien que estas personas son catalizadores, ni ayudadores, sino mezquinos ignorantes. Pero tu No.

Tú haces la diferencia por que estas marcado, para cosas grandes.

Sección XI transmite los Conocimientos Adquiridos, conviértete en un Mentor

Otra forma excelente de compartir y ayudar a otros es convirtiéndote en un Mentor, o Coach. Aconsejando, capacitando y enseñando a personas que conozcas y sepas que podrían convertirse en futuros emprendedores, nunca te cierres aquellos que van en busca de información, ofrécele la ayuda, recuerda como a ti te la ofrecieron.

Si es necesario crea un espacio de capacitación en tu área, para que las personas puedan consultarte sobre los negocios, y la ardua tarea del Emprendurismo, ya este un experto, y debes tener bien claro, que de nada sirve todo el conocimiento del mundo si este no puede ser compartido con aquellos que lo necesita. Si es necesario, escribe, puedes hacer una autobiografía de ti mismo, de tu vida y bienes. Ya que tú más que nadie sabes lo que has vivido, y lo que has construido; por lo que ya estás en capacidad de plasmar esa experiencia para que muchos puedan sacarle provecho también. Y de esta forma también tú podrías beneficiarte aunque sea poco con las ventas de este manual, que sea de tu autoría. Piensa que después de ver cómo has crecido, que cuentes tu historia, que incluyas algunos testimonios de gente que conoce tus inicios. Para que sea más creíble, y veras como en poco tiempo seguirás emprendiendo sin darte cuenta.

Transmite primeramente a tus hijos, familias los conocimientos y experiencias, para que ellos también hablen bien de ti, que hablen de ti con orgullo Y tú puedas caminar con la frente en alto mirando al horizonte.

UNA ONZA DE NEGOCIOS TIENE MÁS PESO QUE UN QUINTAL DE TRABAJO

POR JUAN CHALAS

www.ingramcontent.com/pod-product-compliance
Lightning Source LLC
Chambersburg PA
CBHW050240230526
45470CB00005B/2034